الآلاتُ الموسيقيّةُ

في العالَمِ العَرَبيّ

بِقَلَم: فاطمة عبد الكاظم وهشام الشّامي

المُحتَوَيات

Collins

آلاتُ السَّحْب

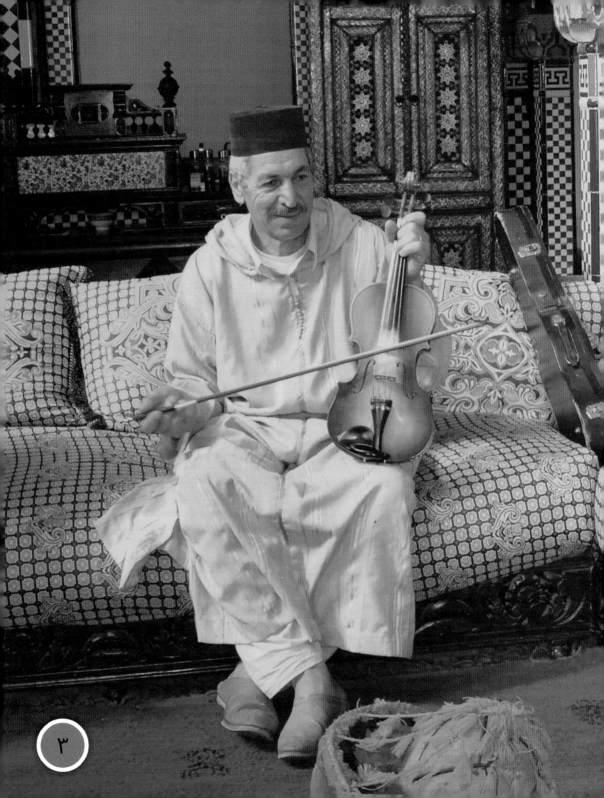

الرَّباب

الرَّبابُ مُصْطَلَحٌ شامِلٌ يَنْطَبِقُ على مَجْموعةٍ مِنَ الآلاتِ المُتَداوَلةِ في البُلْدانِ العَرَبيّة. وقَدْ عَرَفَ العَرَبُ عِدّةَ أَشْكالٍ مِنَ الرّبابِ، قاسِمُها المُشْتَرَكُ بَساطةُ الصُّنْعِ مِنْ أَدَواتٍ ومَوادَّ بَسيطةٍ ومُتَوَفِّرةٍ في البيئةِ المُحيطة.

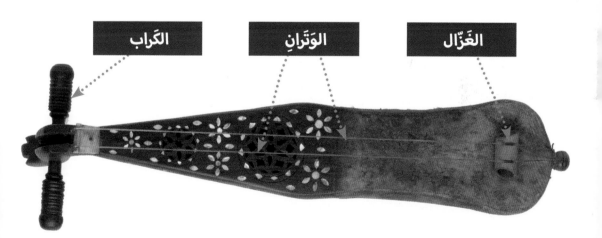

الكَراب   الوَتَرانِ   الغَزّال

يُقِرُّ عَدَدٌ مِنَ الباحِثينَ أنَّ الرَّبابَ قَدْ شَقَّ طَريقَهُ في القَرْنِ الحادي عَشَرَ إلى البِلادِ الأوروبِيّةِ عَنْ طَريقِ صِقِلِّيَّةَ والأَنْدَلُسِ؛ وساهَمَ بِشَكْلٍ فِعْلِيٍّ في ظُهورِ آلةِ «الفْيولا» الَّتي تَطَوَّرَتْ إلى أن اسْتَقَرَّتْ في القَرْنِ السّابِعَ عَشَرَ على هَيْئةِ الكَمان.

الكَمان

يُعْتَبَرُ الكَمانُ مِنْ أَشْهَرِ الآلاتِ الَّتي تُسْتَخْدَمُ في الموسيقى الكْلاسيكِيّةِ الغَرْبِيّةِ؛ وقَدْ تَمَّ إِدْخالُهُ على الموسيقى العَرَبِيّةِ في النِّصْفِ الثّاني مِنَ القَرْنِ التّاسِعَ عَشَرَ.

تَنْحَدِرُ آلةُ الكَمانِ مِنْ آلةِ «الرِّيبيك» الَّتي هي، بِدَوْرِها، مُشْتَقّةٌ مِنْ آلةِ الرَّبابِ العَرَبيّ.

الكَمان

الرِّيبيك

٦

على خِلافِ البُلْدانِ العَرَبِيّةِ الّتي يُعْزَفُ فيها الكَمانُ فَوْقَ الكَتِفِ على الطَّريقةِ الغَرْبِيّةِ، ما زالَ عازِفُ الكَمانِ، في المَغْرِبِ، يَحْمِلُ الآلةَ عَمودِيًّا فَوْقَ رُكْبَتِهِ.

هَلْ تَعْرِفونَ؟

قَوْسُ الكَمانِ مَصْنوعٌ مِنْ شَعْرِ ذَيْلِ الحِصانِ.

آلاتُ النَّقْرُ

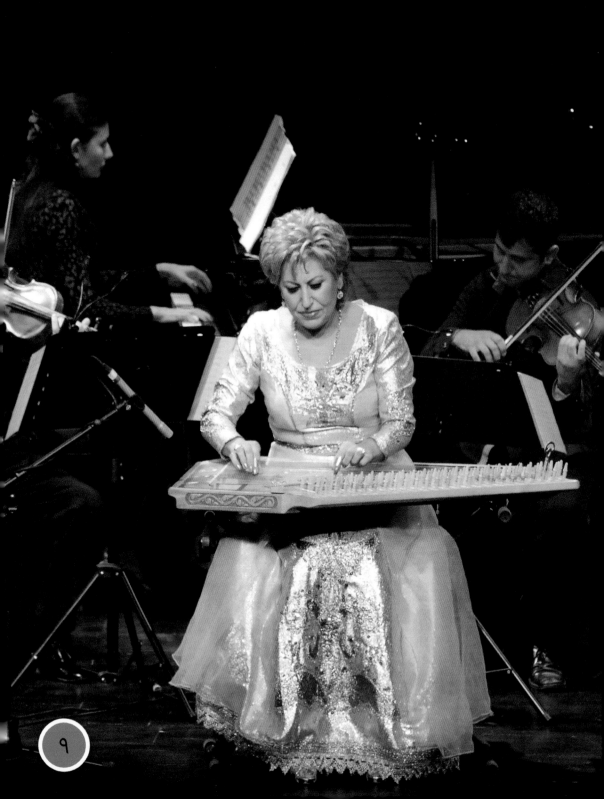

العود

هَلْ تَعْرِفونَ؟

تَسْمِيةُ آلةِ العودِ مُشْتَقَّةٌ مِنَ اللُّغةِ العَرَبِيّةِ، وهي تَعْني الخَشَبةَ على اختلافِ أنْواعِها، دَقيقةً كانَتْ أو غَليظةً، ورَطْبةً كانَتْ أو يابِسة.

يُعْتَبَرُ العودُ مِن أَهَمِّ الآلاتِ الموسيقيّةِ العَرَبِيّةِ وأَكْثَرِها شُهْرة. نَعَتَهُ القُدامى بِـ«سُلْطانِ الآلاتِ وجالِبِ المَسَرّات».

المُؤَرِّخونَ يَعودونَ بِتاريخِ العودِ إلى أَيّامِ نوحٍ عَلَيهِ السَّلام.

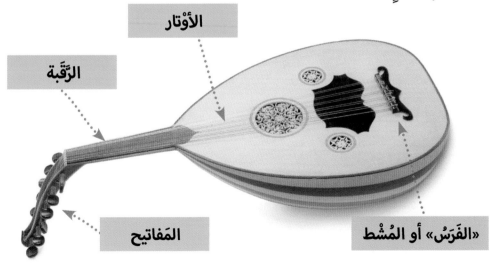

الأَوْتار

الرَّقَبة

المَفاتيح

«الفَرَسُ» أو المُشْط

في القَرْنِ التّاسِعِ الميلاديِّ، عَدَّلَ «زِرْيابُ»، في الأندَلُسِ، في أَوْتارِ عودِهِ، فَأَضافَ وَتَرًا خامِسًا اخْتَرَعَهُ بِنَفْسِه.

يُعْزَفُ على العودِ بِوساطَةِ ريشةٍ تُسْتَخْدَمُ للضَّرْبِ على الأَوْتارِ، وأَفْضَلُ أَنْواعِها الرِّيَشُ المَصنوعُ مِنَ العاج.

مِنْ عائِلةِ آلةِ العودِ تَحَدَّرَتْ آلةُ الجيتارِ وآلةُ اللّوت.

الجيتار

اللّوت

العود

البُزُق

تُعَدُّ آلةُ البُزُقِ الوَتَريَّةُ مِنْ أَهَمِّ الآلاتِ المُسْتَخْدَمةِ في الموسيقى الفُلْكْلوريَّةِ في بلادِ المَشْرِقِ العَرَبيِّ. وخِلافًا لِآلةِ العودِ، فَهِيَ لا تُسْتَعْمَلُ أَبَدًا في الموسيقى الكْلاسيكيَّةِ، ويَنْحَصِرُ اسْتِخْدامُها في الأَنْماطِ الشَّعْبيّة.

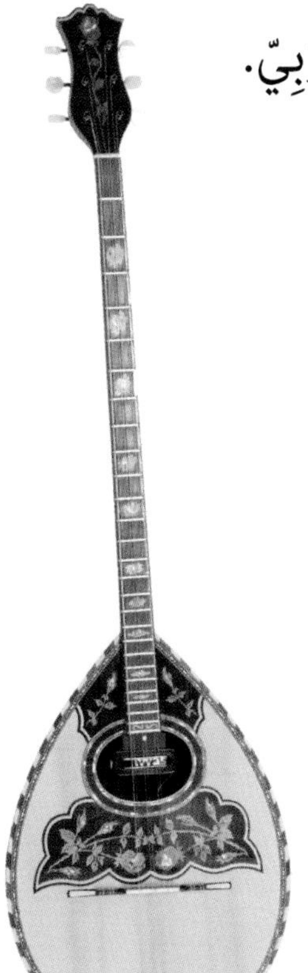

العود

البُزُق

يُعْتَبَرُ البُزُقُ سَليلَ آلةٍ عِراقِيّةٍ تُدعى «الطُّنْبورُ البَغْدادِيُّ». والطُّنْبورُ البَغْدادِيُّ سَليلُ آلةٍ تُدعى «الطُّنْبورُ الآشورِيّ».

هَلْ تَعْرِفونَ؟

تَسْمِيةُ البُزُقِ حَديثةُ العَهْدِ، ظَهَرَتْ في أوائِلِ القَرْنِ العِشرينَ، وهي كَلِمةٌ مُسْتَوْحاةٌ مِنْ كَلِمةِ «بوزوكي»، وهي آلةٌ مَعْروفةٌ في اليونان.

القانون

القانونُ آلةٌ موسيقيّةٌ يَرْجِعُ تاريخُها إلى حَوالَي خَمْسةِ آلافِ عام، وتَتَكَوَّنُ مِنْ صُنْدوقٍ صَوْتيٍّ على شَكْلِ شِبْهِ مُنْحَرِفٍ قائِمِ الزّاويةِ يُشَدُّ عَلَيْهِ ٨٧ وَتَرًا مُوازِيًا لِسَطْحِ الصُّنْدوقِ الصَّوْتيِّ.

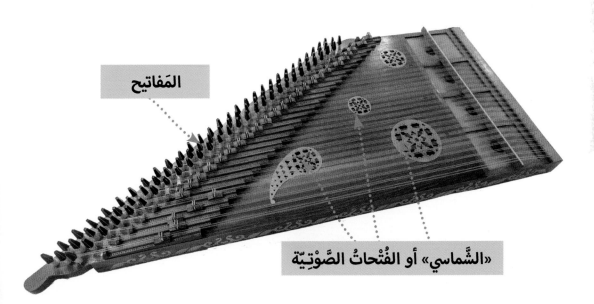

المَفاتيح

«الشَّماسي» أو الفُتْحاتُ الصَّوْتيّة

يُعْتَبَرُ القانونُ بِمَنْزِلَةِ الآلةِ الأُمِّ في الموسيقى العَرَبِيَّةِ، وقَدْ تَمَّتْ تَسْمِيَتُهُ بِـ«سُلْطانِ الآلات».

يَجْلِسُ عازِفُ القانونِ في وَسَطِ الفِرْقةِ الموسيقِيَّةِ. والدَّليلُ على أَهَمِّيَةِ آلةِ القانونِ لُجوءُ الآلاتِ الموسيقِيَّةِ الأُخرى إلَيْهِ لِضَبْطِ دوزانِها.

هَلْ تَعْرِفونَ؟

القانونُ يَرْجِعُ، في أَصْلِهِ، إلى آلةٍ مُسْتَطيلةِ الشَّكْلِ مِنَ العَصْرِ العَبّاسِيِّ، أَطْلَقَ عَلَيها العَرَبُ اسْمَ «النُّزْهة». القانونُ والنُّزْهةُ كانا يُسْتَعْمَلانِ جَنْبًا إلى جَنْبٍ، إلّا أنَّ جَمالَ صَوْتِ القانونِ وامتدادَ مِساحَتِهِ الصَّوْتِيَةِ أَدَّيا إلى سَيْطَرَةِ القانونِ وزَوالِ النُّزْهةِ عَنِ الوُجود.

السَّنْطور

السَّنْطورُ آلةٌ موسيقِيّةٌ وَتَرِيّةٌ شَبيهةٌ بِآلةِ القانونِ، يَكْثُرُ اسْتِعْمالُها في العِراق.

يَخْتَلِفُ السَّنْطورُ عَنِ القانونِ في طَريقةِ العَزْفِ بِحَيثُ يَتِمُّ ضَرْبُ الأَوْتارِ بِمِضْرَبَيْنِ صَغيرَيْنِ مَصْنوعَيْنِ مِنَ الخَشَبِ بَدلًا من نَقْرِهِما بِريشةٍ كَما هو الحالُ بِالنِّسْبةِ إلى القانون.

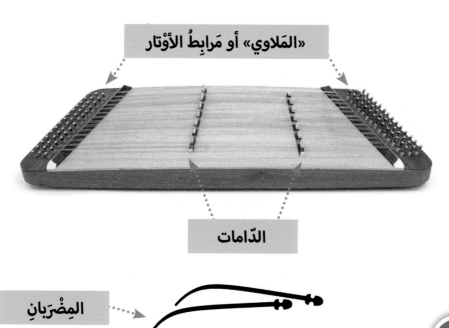

«المَلاوي» أو مَرابِطُ الأوْتار
الدّامات

المِضْرَبانِ

لَقَدْ تَغَيَّرَ شَكْلُ السَّنْطورِ عَبْرَ العُصورِ إِذْ كانَ، قَديمًا، على شَكْلِ عُلْبةٍ مُسْتَطيلةٍ ذاتِ أَوْتارٍ مَعْدِنيّةٍ، لِيَتَطَوَّرَ بَعْدَها إلى شَكْلِهِ الحاليِّ الشِّبْهِ مُنْحَرِفٍ مَعَ أَوْتارٍ نُحاسِيّة.

هَلْ تَعْرِفونَ؟

أَصْلُ آلةِ السَّنْطورِ فارِسِيٌّ، وتُعْرَف، في بَعْضِ الأَقْطارِ الأوروبيّةِ، بِاسْمِ السِّمْبالوم.

آلاتُ النَّفْخِ

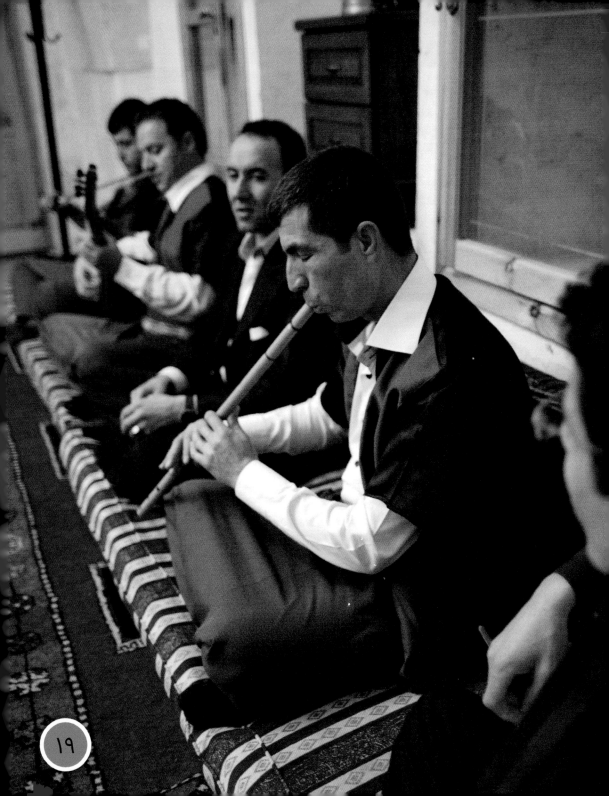

فَمُ النّاي

الثُّقوبُ الأماميّة

النّاي

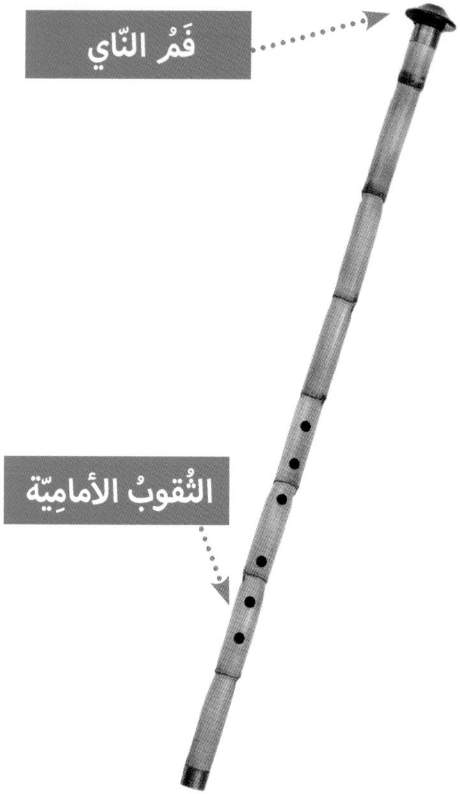

يُصْنَعُ النّايُ مِنْ قَصَبِ الخَيْزُرانِ، وهو عِبارةٌ عَنْ قَصَبةٍ جَوْفاءَ مَفْتوحةٍ مِنَ الطَّرَفَيْنِ.

هي آلةٌ لَها سِتّةُ ثُقوبٍ أماميّة. كُلُّ ثَلاثةِ ثُقوبٍ مُبْتَعِدةٌ قَليلًا عَنِ الثّلاثةِ الأُخْرى؛ ولَها ثُقْبٌ سابِعٌ خَلْفِيٌّ في وَسَطِها.

هَلْ تَعْرِفونَ؟

الفَيْلَسوفُ «الفارابي» كانَ يُعَدُّ عازِفًا بارِعًا على النّاي! فَقَدْ بَلَغَ مِنْ قُدْرَتِه أَنَّهُ حَضَرَ مَجْلِسًا لِأَحَدِ الوُلاةِ، وعَزَفَ على النّاي، فَأَبْكى الحاضِرينَ. وعَزَفَ ثانيةً فَأَشْجاهُمْ وأَرْقَصَهُمْ. وأخيرًا، عَزَفَ فَأَنامَهُمْ وانْسَلَّ مِنَ المَجْلِسِ وتَرَكَهُمْ نائمين!

لِلنّايِ صَوْتٌ مُمَيَّزٌ وَصَفَهُ كَثيرونَ بِالأنينِ الحَزين. وتَقولُ أُسْطورةٌ فِرْعَونيّةٌ إنَّ هذا الصَّوْتَ ما هو إلّا صَوْتُ بُكاءِ قَصَبِ الخَيْزُرانِ يَتَضَرَّعُ إلى الرُّجوعِ إلى نَهرِ النّيل.

على خِلافِ آلاتِ النَّفْخِ الأُخرى، يوضَعُ النّايُ على جانِبِ الفَمِ، ويُنْفَخُ الهَواءُ بِزاويةِ ٤٥ دَرَجةً في حافّةِ الآلة. وبِحَسَبِ قُوّةِ النَّفْخِ، يُمْكِنُ التَّحَكُّمُ في طَبَقةِ الصَّوْتِ للنَّغمات.

المِزْمار

البالوص
الثُّقوبُ الأمامِيّة

يُعَدُّ المِزْمارُ مِنَ الآلاتِ الموسيقِيّةِ الكَثيرةِ الانْتِشارِ في الأَرْيافِ العَرَبِيّة. ونَظَرًا لِصَوْتِهِ القَوِيِّ، يَنْحَصِرُ اسْتِعْمالُهُ في الموسيقى الشَّعْبِيّة.

في المَغْرِبِ آلةٌ شَبيهَةٌ جِدًّا بِالمِزْمارِ مِن حَيثُ نَوْعِيَّةُ الصَّوْتِ أو طَريقةُ الأَداءِ، وتُدْعى «الغَيْطة».

هَلْ تَعْرِفونَ؟

لِآلَةِ المِزْمارِ صَوْتٌ يُشْبِهُ كَثيرًا صَوتَ آلَةِ الأوبْوا المُسْتَعْمَلَةِ في الأَجْواقِ الكْلاسيكِيّةِ الغَرْبِيّة. ويَرى الكَثيرونَ أنَّ هاتَيْنِ الآلَتَيْنِ تَنْتَمِيانِ لِعائِلَةٍ واحِدة.

الأوبْوا

المِزْمار

آلاتُ الإيقاع

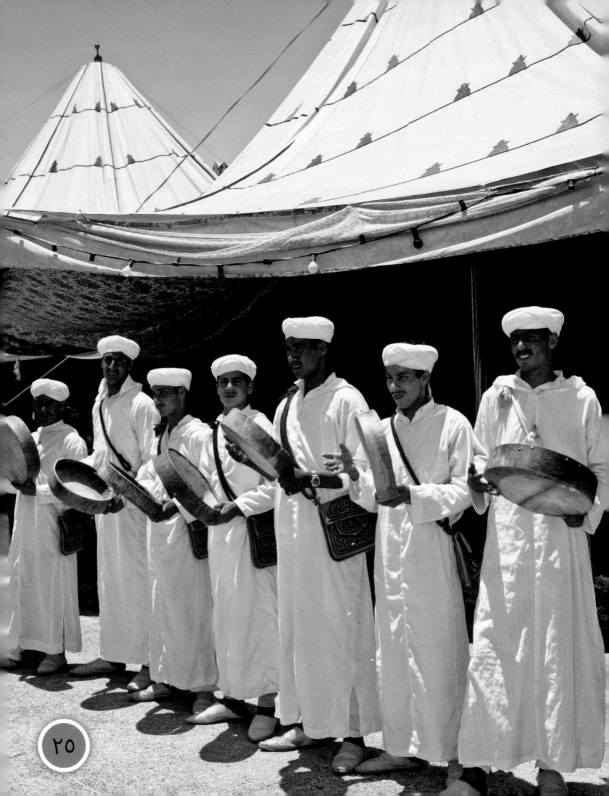

الرِّقّ

الرِّقُّ آلةٌ إيقاعِيّةٌ مُسْتَديرةٌ تتَكَوَّنُ مِنْ إطارٍ خَشَبِيٍّ تُشَدُّ عَلَيْهِ قِطْعةٌ رَفيعةٌ مِنْ جِلْدِ الماعِزِ أَو السَّمَك. يَتَمَيَّزُ الرِّقُّ مِنْ آلاتِ الإيقاعِ الأُخرى بِصُنوجِهِ المَعْدِنِيّةِ الَّتي تُرَكَّبُ أَزْواجًا داخِلَ فُتْحةٍ مُسْتَطيلةٍ مَوْجودةٍ في الإطار.

جِلدُ الآلة
الإطارُ الخَشَبِيّ
صُنوجٌ مَعْدِنِيّة

يُمْسِكُ العازِفُ رِقَّهُ بِوَساطَةِ اليَدِ اليُسْرَى، ويَكونُ النَّقْرُ بِالأصابِعِ اليُمْنَى على الجِلْدِ والصُّنوجِ المَعْدِنِيّة.

هَلْ تَعْرِفونَ؟

في بُلْدانُ المَغْرِبِ العَرَبِيِّ، تُسْتَعْمَلُ آلَةٌ قَرينَةٌ بِالرِّقِّ وتُدْعى «الطَّار». تُشْبِهُ آلَةُ الطَّارِ الرِّقَّ مِنْ ناحِيةِ الشَّكْلِ وطَريقةِ الاسْتِعْمالِ، وتَخْتَلِفُ عَنْهُ فَقَط مِنْ حَيْثُ الحَجْمُ، ذلِكَ أنَّ الطَّارَ أصْغَرُ مِنَ الرِّقِّ.

الدِّرْبَكّة

الدِّرْبَكّةُ آلةٌ إيقَاعِيّةٌ كَثيرةُ التَّداوُلِ في البِلادِ العَرَبِيّة. هي فَخّارِيّةٌ مُجَوَّفةٌ ضَيِّقةُ الفَمِ، كانَ يُثَبَّتُ على رَأسِها قِطْعةٌ جِلْدِيّةٌ استُبدِلَتْ، مُؤَخَّرًا، بِقِطْعةِ بْلاستيك.

هَلْ تَعْرِفونَ؟

للدِّرْبَكّةِ أَسماءُ عَديدةٌ تَخْتَلِفُ مِنْ بَلَدٍ لآخَر. فَهِيَ تُدعى «طَبْلة» في مِصْرَ، و«دِرْبَكّة» في بِلادِ الشّامِ، و«دْرْبُوكة» في بِلادِ المَغْرِبِ العَرَبِيّ.

يَصْدُرُ الصَّوْتُ مِنَ الدِّرْبَكّةِ بِالضَّرْبِ على جِلْدِها بِالكَفَّيْنِ والأصابِع.

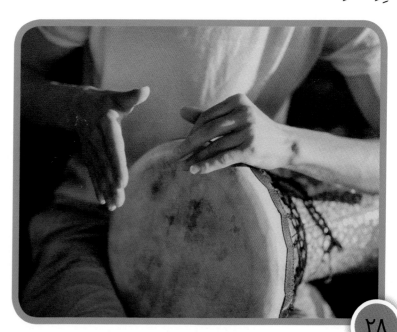

٢٨

الدَّفُّ

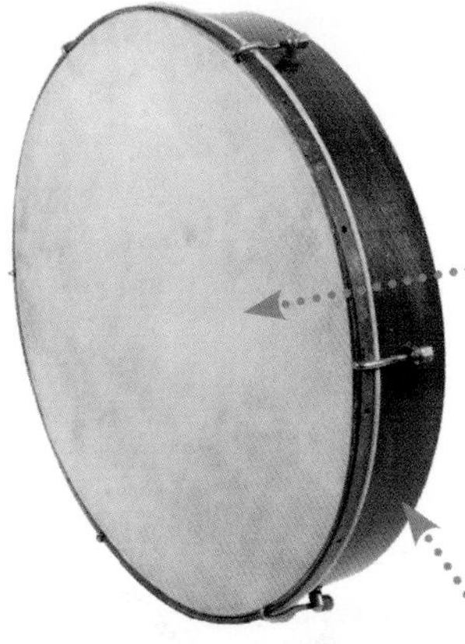

جِلْدُ الآلَةِ

الإطارُ الخَشَبِيُّ

الدَّفُّ آلَةٌ إيقاعِيَّةٌ مُسْتَديرَةُ الشَّكْلِ تُصْنَعُ على شَكْلِ إطارٍ مِنْ خَشَبٍ خَفيفٍ يُشَدُّ عَلَيْهِ جِلْدٌ رَقيقٌ. وتُعَدُّ آلَةُ الدَّفِّ مِنْ أَقْدَمِ الآلاتِ على الإطْلاقِ، وقَدْ دَلَّتِ الاسْتِكْشافاتُ الأَثَرِيَّةُ على تَداوُلِها لِآلافِ السِّنينِ في مُخْتَلَفِ أَنْحاءِ العالَمِ.

هَلْ تَعْرِفونَ؟

في المَغْرِبِ العَرَبِيِّ، آلَةٌ شَبيهةٌ بالدَّفِّ تُسْتَعْمَلُ في الموسيقى الشَّعْبِيَّةِ وتُدْعى «البَنْدير».

على خِلافِ العَديدِ مِنَ الآلاتِ العَرَبِيَّةِ، آلَةُ الدَّفِّ يُمْكِنُ حَمْلُها والقيامُ بِالعَزْفِ والرَّقْصِ في آنٍ واحِدٍ.

الفِرَقُ الموسيقِيّة

قَبْلَ التَّأْثيرِ الغَرْبِيِّ، كانَ «التَّخْتُ» العَرَبِيُّ يُعَدُّ بِمَنْزِلَةِ المَجْموعةِ الأَساسِيّةِ لِعَزْفِ الموسيقى العَرَبِيّة. «التَّخْتُ» كَلِمةٌ ذاتُ أَصْلٍ فارِسِيٍّ، وهي المِنَصّةُ المُرْتَفِعةُ الَّتي يَجْلِسُ عَلَيها المُغَنّي والعازِفونَ الآخَرون.

على الرَّغْمِ مِنَ الاخْتِلافاتِ بَيْنَ بُلْدانِ المَشْرِقِ العَرَبِيِّ مِنْ جِهةٍ وبُلْدانِ المَغْرِبِ العَرَبِيِّ مِنْ جِهةٍ أُخْرى، فَإنَّ القاسِمَ المُشْتَرَك

لِكُلِّ التُّخوتِ العَرَبِيّةِ هو تَمْثيلُ كُلِّ آلةٍ بِواحِدةٍ فَقَطْ.

مِنَ التَّأْثيراتِ المَلْموسةِ لِلْموسيقى الأوروبِّيّةِ على نَظيرَتِها في العالَمِ العَرَبِيِّ، تَأْسيسُ فِرَقٍ موسيقِيّةٍ كَبَديلٍ لِلتُّخوتِ الصُّغْرى.

فَبَعْدَ قُرونٍ مِنَ الإبْداعِ اكْتَفى فيها العَرَبُ بِمُمَثِّلٍ وَحيدٍ لِكُلِّ آلةٍ في الفِرَقِ الموسيقِيّةِ، تَمَّتْ إضافةُ العَديدِ مِنَ الآلاتِ، مِنْها ما كانَ مَوْجودًا مِنْ قَبْلُ، ومِنْها آلاتٌ غَرْبِيّةٌ جَديدةٌ أُدْخِلَتْ لِأَوَّلِ مَرّةٍ كَالفِيولا، التّشيلو، الكنترباص، الأكورديون.

أفكار واقتراحات

الأهداف:

- قراءة نصّ معلوماتيّ بطلاقة.
- استخدام قائمة المحتويات للعثور على المعلومات.
- قراءة نصّ يحتوي على مفردات متخصّصة وغير مألوفة نسبيًّا.
- قراءة المزيد من الكلمات الشائعة بدون تشكيل.

روابط مع الموادّ التعليميّة ذات الصلة:

- التعرّف على أنواع الآلات الموسيقيّة.
- الوعي بالتنوّع الموسيقيّ والثقافيّ في عالمنا.
- التعرّف على أوجه التفاعل بين الحضارات.

مفردات جديرة بالانتباه: السَّحْب، النَّقْر، النَّفْخ، الإيقاع، أسماء الآلات التقليديّة

عدد الكلمات: ١١٠٠

الأدوات: ورق، أقلام، انترنت

قبل القراءة:

- مَن منكم يحبّ الموسيقى؟ هل تتعلّمون العزف على آلة موسيقيّة؟
- اذكروا جميع الآلات الموسيقيّة الّتي تخطر في أذهانكم.
- ماذا ترون على الغلاف الخارجيّ للكتاب؟ كيف تصفون ما ترونه؟

أثناء القراءة:

- انظروا إلى الصورة ص ٩. في رأيكم، لماذا يبدو التركيز الشديد على وجه العازفة؟
- انظروا إلى الصور ص ٢٥-٢٩. ما هي أجزاء الجسم الّتي يستخدمها العازفون لضبط إيقاع الموسيقى؟